Hellmut Seiler

DIESER TROTZIGEN RUHE WEG

Gedichte und Aphorismen

ROTE REIHE LYRIK
innerhalb der EDITION BÄRENKLAU
herausgegeben und redaktionell betreut
von Rolf Stolz
Band 5

In der ROTEN REIHE LYRIK erscheinen Auswahlen aus dem Werk lebender Lyriker – überwiegend Unveröffentlichtes - für 10 Euro im Umfang von 120 bis 220 Seiten. Das ABONNEMENT der Reihe (30 Euro für 3 Bücher inkl. Porto) bietet die Möglichkeit, alle Ausgaben zu erhalten.

ABONNEMENT - Bestellungen an:

Rolf Stolz, Postfach 2139,
D 53813 Neunkirchen-Seelscheid,
rolf.stolz@gmx.net, Tel. 0163/5785012

IMPRESSUM

Copyright © Hellmut Seiler 2017
Copyright © Cover Gert Fabritius (2017) – Layout by Steve Mayer, 2017
Copyright © der PBP 2017 by EDITION BÄRENKLAU, Bärenklau (OT)

Unter www.editionbaerenklau.de finden Sie unser gesamtes Paperback-, Hörbuch- und eBuch-Programm. Die Verfügbarkeit und Verkaufspreise der einzelnen Medien prüfen Sie bitte auf der „Plattform Ihres Vertrauens".
PBP® bedeutet **P**ersonality **B**ook **P**rint: Von uns wird nach Verfügbarkeit auf der Netzseite www.editionbaerenklau.de eine Druckausgabe der dort aufgeführten eBücher erstellt. Die Ausstattung kann von der Plattform-Version abweichen.

Erschienen in der EDITION BÄRENKLAU, Bärenklau (OT) 2017, Printed in Germany

Herstellung und Verlag:
BoD - Books on Demand, Norderstedt

ISBN 9783743172746

Zum Autor

Hellmut Seiler wurde am 19. April 1953 im siebenbürgischen Reps/Rupea geboren. Nach dem Abitur in Kronstadt/Brașov studierte er von 1972 bis 1976 in Hermannstadt/Sibiu Germanistik und Anglistik und arbeitete anschließend als Lehrer in Neumarkt am Mieresch/Târgu Mureș. Von 1985 bis zu seiner Übersiedlung nach Westdeutschland 1988 hatte er Berufs- und Publikationsverbot. Er ist Mitglied im Internationalen P.E.N. und in der Gesellschaft für zeitgenössische Lyrik (GzL). Bis zu seinem Austritt 2006 gehörte er zum Verband Deutscher Schriftsteller (VS). Seit 2014 ist er Generalsekretär des Exil-P.E.N.-Clubs.
1982 erschien in Klausenburg/Cluj beim Dacia Verlag sein erster Gedichtband *die einsamkeit der stühle*.

Werke (Auswahl):

siebenbürgische endzeitlose, Gedichte, Frankfurt a.M. 1994; *Der Haifisch in meinem Kopf. Erzählungen*, Künzelsau 2000; *Schlagwald. Grenzen, Gänge*, 77 Gedichte und Exkurse, München 2001; *Glück hat viele Namen. Satiren*, Esslingen 2004; *„An Verse geheftet"*, 77 Gedichte und Intermezzi, Ludwigsburg 2007; *Padurea de interdictii*, Gedichte und Aphorismen in rumänischer Übersetzung, Klausenburg/Cluj 2007.

Zahlreiche Beiträge (Glossen, Literaturkritik, Lyrik, Aphorismen, Satiren, Übersetzungen, Sprachkritik) erschienen in Anthologien, Jahrbüchern, Zeitungen, Literaturzeitschriften und auf Tonträgern. Vor allem Gedichte von ihm wurden in die englische, französische, griechische, russische, tschechische, ungarische und rumänische Sprache und in den siebenbürgisch-sächsischen Dialekt übertragen.

Auszeichnungen (Auswahl):

1984 erhielt er den Adam-Müller-Guttenbrunn-Preis, 1998 und 1999 den Literaturpreis der Künstlergilde Esslingen (1998 für Prosa, 1999 für Lyrik), 2000 den Würth-Literatur-Preis der Tübinger Poetik-Dozentur, 2002 den Reinheimer Satirelöwen, 2003 den Hauptpreis des Irseer Pegasus.

Zum Zeichner

Gert Fabritius wurde 1940 in Bukarest geboren. Er studierte ab 1961 an der Staatlichen Kunstakademie Klausenburg in der Meisterklasse. Von 1968 bis 1977 war er in Bukarest Illustrator für Buch- und Zeitschriftenverlage und Stellvertretender Leiter des Friedrich-Schiller-Hauses. 1977 erhielt er ein Berufsverbot und ging nach Westdeutschland, wo er als Kunsterzieher an einem Gymnasium arbeitete. Er hat Ausstellungen im In- und Ausland. 1997 erhielt er den Lovis-Corinth-Sonderpreis und 2012 den Siebenbürgischen Kulturpreis.

DIESER TROTZIGEN RUHE WEG

I.

IM KAHLEN GARTEN

Sehr geehrte Fluggäste

Hier spricht Ihr Kapitän. Stellen Sie
jetzt bitte den Fluss der Gedanken ein
und üben Sie sich

im aufrechten Sitz. Greifen Sie
den Ereignissen nicht vor und drängen
Sie unsere Flugbegleiterinnen nicht

jenseits ihrer Möglichkeiten.
Sprechen Sie den Brechbeuteln Kraft zu.
Fallen Ihnen Masken vors Gesicht,

setzen Sie eine davon auf und beginnen Sie
unverzüglich mitzuspielen. Werfen Sie
Ihre Bedenken bedenkenlos über Bord:

Wenn hier einer schießt, ist das einer der
superlässigen luftnummerierten Marshals.
Gewärtigen Sie in ca. 11 km Höhe spinnen-

beinige Monster, Krakengespinste oder
feixende Fratzen, die schnarrend
in der Schwebe verharren, ziehen Sie

dem Sicherheitsbegriff über Ihnen eins über.
Die Schuhe wird es Ihnen deshalb nicht
ausziehen, unser bodenständiges Personal

trägt dafür Sorge, daß Sie die Haftung
nicht verlieren. Geht Ihnen die Mitte
verloren oder flattern Ihnen die Ränder,

halten Sie einfach den Deckel darauf.
Wir überfliegen gleich ein halbes Dutzend
Krisenherde; doch eine Herdenkrise steht

deswegen nicht zu erwarten – Sie werden
gar nichts merken davon. Wir heben gleich ab
und gehen in den nächsten paar Augenblicken

planmäßig in die Luft

An dich

Es gibt Lippen, die erinnern mich
an mein Mutterland.
Es gibt Lippen, die erinnern mich
an einen Brunnenrand.
Und es gibt Lippen, die erinnern mich
an dich.

Es gibt Stimmen, die erinnern mich
an Vogelsang.
Es gibt Stimmen, die erinnern mich
an Glockenklang.
Und es gibt Stimmen, die erinnern mich
an dich.

Es gibt Augen, die sind wie der Meeresgrund.
Und Augen, wie ein Kaleidoskop so bunt.
Es gibt aber keine
wie deine.

Fliegender Atem

Unter den flunkernden Gestirnen
werden wir, vergessen
nach einem Rausch
augenblicklicher Selbstfindung,

zu schweren, dunklen Flugschatten
die mit unwirklich seltenem Schwingen
lautlos über Gassen, verwilderte Gärten
und aushauchende Wälder schweifen –

bevor sie uns einholen,
die Gespenster
der Vergangenheit.

Spiegelweiß

So stehen wir, unbedeckt,
vor den spiegelweißen Gärten,
außer uns, im Auge des Winters –

und Scharen von Soldaten in Fetzen,
die niemanden kennen, am wenigsten
sich selbst,

verwilderte Soldaten in Weiß
entströmen den Kasernen
unsrer löchrigen Erinnerung.

Was tun

Ich weiß, was ich zu tun hab,
wenn ich bei dir bin, weiß sogar
was, wenn ich bei mir selbst
bin manchmal.

Auch, wenn ich in der Fremde
also: in der Heimat bin,
weiß ich, jedenfalls fast immer,
was ich soll.

Nur nicht
– und darauf bin ich zum
Zerreißen gespannt –
wenn ich irgendwann

nirgendwo bin.

Anfang oder Ende

Angst habe ich keine, deswegen
habe ich doch nicht gelebt,
um jetzt Angst zu haben.

Was aber, frage ich mich,
fange ich nur an mit mir
ohne mich –

am allerersten Tag
nach meinem letzten?

Du bist ich und ich bin du

Selbst wenn ich es wollte,
könnte ich dich nicht verlassen.
Weil man sich selbst
doch nicht verlassen kann.
Nur aufeinander.
Und gleichzeitig dann
gerade am allerwenigsten.

Gefährtin der Nacht

Und jetzt, wo du fort bist,
stehe ich bloß, wie gestellt,
im kahlen Garten.

Über mir, wie hingeblasen
leicht, helle Sommersprossen
auf einem bewegten Gesicht.

Ich weiß nicht

Ich weiß nicht,
was ich mehr an dir liebe:
die fahrigen Züge, den Blick
Nirgendwohin, die feinen
Fältchen, die spitzen Schreie
beim Anhören der alt-
bekannten Witze wie
beim ersten Mal,
dein mildes Lächeln
bei den platteren –

oder aber
den Tanz der Perlen auf deiner Haut,
und den Abgrund, der mich erbaut.

In der Abenddämmerung

kurbele ich die Rolläden runter,
in der Morgendämmerung hoch
als ob hier noch jemand wohnte.

Du aber bist nicht hier,
für den sich das alles lohnte.

Neulich, beim Briefeschreiben

fiel mir eine Zeile in die Tastatur. Die Maus
verweigerte mir die Gefolgschaft, ich drehte
an der Sprachkorrektur, die sprang an. Der Text

hüpfte leichthin über seinen flackernden Schatten,
die Maus ertappte ich beim losmäuligen Chatten,
die Buchstaben der Tastatur erhoben sich

von ihren Plätzen. Demütig kroch
der Finger zum Cursor, dieser machte halt
vor dem anbetungswürdigen Icon und

ging in die Knie. Kurz bevor die Zeile
forsch fortgeschwirrt wäre, packte ich sie
an der Wurzel und gab ihr den Rest. Die Luft

roch plötzlich verbrannt, die Maus, kleinlaut
auf einmal, zog es unwiderstehlich zum Click.
Dort angekommen, drehte sie bei und kroch

den langen Weg zurück, als watete sie durch
Honig, in Blogsilvaniens ungewisse Zukunft.

Saunalandschaft mit Dame

Bad Kötzting, im Februar 2013

Zwischen groben Blockhütten
türmen flüchtig sich Schwaden,
Kinder, nackt – iih, bei der Kälte! –
sprühen, quietschen und suhlen
japsend sich in stichigen Kuhlen
im jungfräulichen Schnee.

Du weißt.

Wie du aber dich sonntest! – Wo denn?
Im schummrig-bunten Nebel. – Wann soll das
gewesen sein? – Weit nach Sonnenuntergang.
 – Den Nebel meide ich doch, nicht nur hier
ist unheimlich er mir.

– An diesem Ort aber doch nicht,
unter dem wechselnden Licht,
in der aufgeheizten Luft
nach dem Eis-Birkenaufguss
unter den begehrlichen Blicken
der übrigen Männer, stets in der Überzahl,
und den meinen!

Unvergessen dein stolzer Gang … – Stolz,
sagst du, wächst doch… – Ja woher, nicht,
wenn es um einen Gang geht, den deinen.
Nicht, wenn es darum geht, sich eine Blöße
zu geben, immer zu deinem Vorteil:
ein festes, pfotenweiches Aufsetzen der Füße,
das, nach oben federnd, sich fortsetzt.

Beirrt von einer ahnungslosen Amsel
aus der Dachrinne beäugt.

Über den Blockhütten
räkelt sich Rauch.

Schattenriß

Im Dunkeln tappt der Poet,
sagt mein Jüngster, mich
als Schattenriß erahnend,
nachts im Flur.

Um dieser Wortfolge willen
liebe ich ihn.

Er hat schließlich
nicht gesagt:
Der Poet tappt im Dunkeln.

Schlaflosigkeit

Die Gewissheit aufstehen zu müssen
ist der Tod meines Schlafes.
Eines Tages kehrt sich dieser Zwang
in sein schlichtes Gegenteil.

Verzweisamt

Nicht, dass ich in meinem Leben
alles richtig gemacht hätte, aber

ich könnte weinen, wenn ich
denke an dich
am Tag meines Todes.

Weil ich wach liege
sehe ich mit geschlossenen Augen
die Züge mit erleuchteten Fenstern,
hinter denen Lesende sitzen,
durch die Nacht fliegen –

lausche ich deinem fliegenden Atem,
meinem ruhigen Gegenentwurf,
den gedachten Nebengeräuschen
aus dem Reich deiner Schatten –

und fühle deren Nähe, heiter,
denn atemlos lausche ich
einem um den anderen
deiner Atemzüge.

WortSchatz

Du bist das Für
zu mir als Wider,
der Bezug zu mir
als deiner Bestimmung.

Wort zu meinem Geschlecht,
Blüte zu meinem Stil
und die Antwort auf mich
als rhetorische Frage.

Die Laute zu meiner Malerei.
Bilder, die Vergleiche einfärben.
Das Schön zu meiner Färberei.
Und ein Wörtchen zu meinem

Zeichen setzen

Ich wäre lieber eine Frage als ein Ausruf,
ein Zeichen für Trennung lieber
als eines für Anführung.

Keine runde, lieber
eine eckige Klammer, kein
Strich sondern ein Gedanke.

Niemals ein Komma unter vielen.
Statt eines Doppelpunkts
lieber ein Punkt

II.

TRAUMBRECHER

Weiße Mäuse

Bei jeder Gelegenheit kann man sich
- bequem und ohne Umschweife -
am einfachsten auf weiße Mäuse herausreden.
Unter weißen Mäusen findet sich schwerlich
ein schwarzes Schaf.
Weiße Mäuse sind geduldig
und haben eine aufreizende Art,
sich die Schmerzen,
verursacht durch Unterwerfung und Erniedrigung,
zu verkneifen.
Sie schleichen auf leisen Pfoten umher,
ohne deswegen als Leisetreter
bezeichnet werden zu können.
Wo sie auftreten,
wächst auch weiterhin Gras.
Nur selten gelingt es einem, einer von ihnen
von Angesicht zu Angesicht gegenüberzustehen.

Weiße Mäuse sind die idealen Versuchstiere
für allerlei Experimente,
ansonsten zu so gut wie nichts nütze.

Im Übrigen sind sie
unbegreiflicherweise
ganz unmerklich im Verschwinden begriffen.
Wo sie noch gesichtet werden,
lassen sie sich
- bequem und ohne Umschweife -
als Trugbilder und Hirngespinste abtun.
Was die Langmut anbelangt,
mit der sie dem Ergrauen angenähert werden,
so muss sie
ausgesprochen großzügig genannt werden.

Beim Beobachten einer Leserin

Fertig ist das Gedicht, endlich vollendet:
die Botschaft ist klar, der Rhythmus stimmt,
der Wohlklang wäre nicht zu überhören –
doch matt liegen die Worte danieder,

keiner der Buchstaben regt sich, es ist
to-ten-still. Aber sobald ihr Blick
darauf fällt, die Augen fast unmerklich
zu glänzen beginnen, und ein Erkennen

über die störbare Spiegelung der Züge
fliegt (wie das Abbild eines Vogelzugs
auf der Oberfläche eines klaren Sees),
ist es zum Leben erwacht, das Gedicht.

Die Ahnung einer Nähe

Ich muss dich nicht sehen, hören, schmecken,
oder riechen – ich spüre deine Nähe
im Urin. Immer wenn das der Fall ist,
schlage ich ihn ab in einen Plastikbecher
oder eine Tasse aus hauchdünnem Porzellan,
– dir hingegen könnte ich
unmöglich etwas abschlagen – tunke
meinen Federkiel in das noch körperwarme Nass –
und schreibe dir eine geheime Botschaft,

die du nur – ausschließlich du – lesen und
riechen kannst, spätabends, im trauten Kämmerlein,
nur angetan mit einem federleichten, leicht ver-
rutschten Hemdchen – und sehr angetan
von den Schriftzeichen, die nach und nach
bräunlich sichtbar werden über der Kerzenflamme,
und keiner blickt dir dabei über die bloßen Schultern
als der Mond und die scheinheiligen Gespenster
der Erinnerung.

Ein Nachthemd

Durchsichtig, über die Stuhllehne gehängt;
um seine Falten spielt lächelnd eine Spur
der weichen Wärme des Körpers,

nach dem es sich so verzehret –

nach einer vergesslichen Nacht.

Ende einer Fahrt

Nachdem mich das Taxi von einer selten
langen Reise, die mit dieser Fahrt endet,
endlich nach Hause gebracht hat, sage ich,
während ich mit einem unüblich
großen Schein bezahle, zum Fahrer:

„Gib mir den Wechsel
in kleinen Einheiten zurück."

Und ich merke an den Bewegungen
seiner Lippen, wie er, schlagartig gealtert,
– vorhin noch rosig im Gesicht –
über sein tickendes Taxameter gebeugt,
die Sekunden rückwärts mitzählt.

Es sind

unbeschreiblich volle
fleischige kraftstrotzende
wie das liebe Leben pralle
aufgeworfen lachende

verzogen zuckende
feste nachgiebige
in den Winkeln
weich federnde

gleichmäßig wülstige
wollüstig zuckende
ein blitzendes Geheimnis
kaum verbergende bienen-

betörend duftende
förmlich atmende form
vollendet geschwungene
runde rundum wandelbare

mit einem Wort: deine

Fenster

Ein Fenster blickt
auf ein Zimmer,
dessen Fenster
auf ein kleineres
Zimmer geht.

Dieses Zimmer hat
ebenfalls Fenster,
die auf noch
kleinere Zimmer
blicken.

Aus jedem dieser
kleineren Zimmer
blicken Fenster
auf Zimmerchen,
deren Fenster
Flügel haben.

Darauf fliegt
der Blick in die Gärtchen
davor. In einem
dieser Gärtchen öffnet
eine alte Frau

ihre Faust und lässt
den jungen Sperling
fliegen

Fern von mir

Als du auf einmal weg warst
so fern von mir
habe ich in deinem Bett
tief eingesogen
den Duft deiner Wäsche.
Doch ich konnte, ich konnte dich
nicht zurück holen
zu mir.

Im Garten

*Hugo von Hofmannsthal
ungefragt zugeeignet*

Ich weiß nicht, wo ich bin – „ich rieche nur den Tau,
Den Tau, der früh an meinen Haaren hing
Den Duft der Erde weiß ich
Wenn ich die weichen Beeren suchen ging ...
In jenem Garten, wo ich früher war ..."

Und später steh' ich immer noch
In jenem Garten, tief versunken
In den Gedanken, wo Gespenster
Spürbar jetzt verbleichen
Wenn in des Raumes Tiefe
Dunkle Tiere Schatten weichen.

Hände falten

Beim Händefalten schießt
das Blut in die Fingerkuppen,
färbt sie bedrohlich tiefrot.

Je kräftiger der Druck,
desto rascher verblassen
die Spuren.

Ich habe geträumt

Ich habe geträumt, ich wäre gestorben.
Die Söhne starrten in das offene Grab,
das zurückstarrte, die Frau schluchzte,

rieb sich die Augen. Am Rand, hoch
in den Birken lispelten die Blätter –
oder wisperte einen Namen der Wind?

Freunde drückten dem Pfarrer, der davon
unbeeindruckt schien, die Hand. Alle freuten
sich auf das Mahl, das altbackene Tränenbrot

danach, irgendwo in der Nähe, alles ganz
locker. Jemand klopfte mir in Gedanken
auf die Schulter, sonst war –

unter dem Schnee-
fall der Blätter –

außer einem Zähneknirschen
nichts zu spüren.

Lama

Für Peter, den Kater
Bad Kissingen, im November 2014

Ich betrete
das Schweigen.

Vor dem Fenster
spukt's:
ein Lama.

Ich scheide aus.
Blut.
Sag's dem Lama,
sagt Peter.

Spiel und Ernst

> *Er ist nur da ganz Mensch*
> *wo er spielt.*
> *(Friedrich Schiller)*

Ich spiele nicht mit dir.
Ich spiele mit dem Gedanken
dich zu verführen.

Mit einem Wink
einem Wort.

Ich spiele ernsthaft
mit dem Gedanken
an dich.

22 Steinchen
(*Gedichte aus Guantánamo*)

I.
- Wo rollt ihr hin, 22 Steinchen? Kommt ihr
mir entgegen, kann ich euch alle empfangen?
Verstecken, und einsetzen? Nur der Himmel

ist weit, und freigegeben sind seine Zeichen.
Für die meinigen brauch ich euch, 22 Steine,
euch zu rollen auf den Berg ewiger Mühsal,

euch zu verstecken unter der Zunge. Meine
Hand bebt, solang ich euch presse, als gebäre
ich euch unter Schmerzen, solang ich euch,

meine Botschafter, presse ins weiche weiße
Styropor, meinen Papyrus, meinen Datenträger,
die kühle glatte Haut auf der Innenseite der

Schenkel meiner Frau, der unbefleckten (Emp-)
Fängerin meiner 22 geheimen Botschaften
(sie fängt sie auf und gibt sie weiter)

II.
Der Kriegsminister sieht nicht Die 22 Felsbrocken im Auge
Des Kriegsministers
Er sieht nur
Das Sandkörnchen im Auge des Schließers

III.　　22 Freuden in einer fremden Sprache,
der schaurigen Sprache der Wärter,
der Herren über die Elektrozäune
und Gesichtsmasken. 22 Leiden,

dem Schweigen entrissen, bevor
die Zunge verdorrt, die Hand erlahmt,
die mit Steinchen sie drückte
ins Styropor. Die Becher daraus

konnten den Durst nicht stillen,
nach dem Leben, dem geraubten,
den in die E-zäune geworfenen
Hälften der 22 verdorrten Leben

unter den stahlkalten Augen,
deren Besitzer die Gesichtsmasken
abgeworfen und ihre Todesmasken
aufgesetzt, noch bevor der Wind,

der heiße Wind von Guantánamo,
seine schaurige Sprachmelodie
auf sie pfiff

IV.　　Wenn 22 Menschen schweigen, werden 22 Steine
schreien!!!!!!!!!!!!!!!!!!!!!!

V.   Backe, backe, Kuchen,
der Kriegsminister hat gerufen,
den brodelnden Teig von Leibern
das stinkende Menschenknäuel

begrabe unter knatternden Hufen,
und sei es unter allerlei Listen,
oh Herr der Fundamentalisten!

VI.   Im friedlichsten Fünfeck der Welt geht es geschäftig zu.
Hemdsärmelig, doch in maßgeschneiderten Hüllen,
schneidern sie für *die andern* das maßgeschneiderte Ende
der Hüllen, von denen sie einen jeden befreien wollen
„wenn die Zeit gekommen ist"
„…und singen ein Lied dabei",
mit todernsten Mienen ganz bei der Sache.
Denn der Tod ist ein Geschäft, also ernst.

Es ist dies das friedlichste Fünfeck der Welt,
denn der wahre Friede(n), (*die Ware* Frieden)
herrscht allein auf dem Friedhof

VII.   „… in den Lüften da lebt es sich leicht"
                aber hier
ziehen einem die Weg- und Krummschließer
mit steinernen Mienen die Hülle vors Gesicht
                aber hier

in den Sand gepresst und gedrückt gegen
die stählernen Stäbe
aber hier
weggesperrt und krummgeschlossen
wiegt die eigene Hülle
schwer wie ein Stein

VIII. Frei sind sie jetzt, endlich frei, die Freudentränen-
ausbrüche und Leidensmienenspiele!
Freigepresst die Entscheidung, das Tuch zu werfen,
das Schweißtuch, das die Gesichtszüge abbildet,

aus dem sich die Freuden und das Geworfensein
in die E-zäune 22 Jahrhunderte später noch
nachzeichnen lassen: freie Gesichtsmasken-
würfe! Jeder hat einen frei, es kostet 22 Mal

fast nichts. So auch die 22 Gedichte, die
– dadideldumm, dummdidelda –
das friedlichste Fünfeck der Welt unter
feixenden Beteuerungen gerade hat

„freigegeben". Und

„...verloren ist kein Wort."

IX.

22 Felsbrocken die keiner unter Mühsal und Schmerzen gerollt
sind nicht geworden zu
22 Steinen die keiner geworfen („Wer ohne Schuld ist...")
doch mit

22 Steinchen spielen die Maskenträger in der Dämmerung
während
der Schließer sich ein Sandkorn aus dem Auge reibt, das völlig
unerwartet 22 Tränen vergießt, die in einen Styroporbecher tropfen
und gleichzeitig dem
Kriegsminister 22 Nierensteine im blitzenden OP
entnommen werden („…es kam im Ersten", Zitat: „Das war
wie eine Geburt für mich")

X. 22 Verseleger würfeln mit fünfeckigen Würfeln
in 22 Bechern aus Styropor – der Gewinner

erhält einen Stein aus des Kriegsministers
persönlicher Niere

Im November 2007, dem Erscheinungsmonat von 22 Gedichten von Häftlingen aus dem rechtsfreien US-Lager Guantánamo Bay, die vom Pentagon zur Veröffentlichung in amerikanischer Übersetzung freigegeben wurden.

III.

Zur Kenntlichkeit verzerrt

Rache der Einrichtung

Als abends ich heimkehrte, sah mich mein Spion
ganz schief an. Der Wecker rasselte, im Flur
der Ständer wackelte bedrohlich, Hüte fielen
ab und mein Erscheinen rief offenhörbar böse

Erinnerungen wach bei dem voll integrierten
Beantworter: er schleudert mir, kaum daß ich
mich ihm zuwende, unfeine Schimpftiraden
entgegen, als brüllte er mit seinem Trommelfell.

Wie aber fort? Wenn der Schlüssel vernehmlich
sich was in den Bart gurgelt und *mich* umdreht?
Als ich beschließe, den Sessel nicht auf mir sitzen
zu lassen, und das Sofa plötzlich nach mir schnappt,

bringt der Wandspiegel mich in seinem toten
Winkel zum Verschwinden.

Aufmunterung 2

Nach einem Gang auf dem Poetenpfad,
Welzheim im Schwäbischen Wald,
– Reiner Kunze zugeeignet –

Zu Bachs Füßen auf dem Sockel
des bronzenwuchtigen Denkmals
vor der Thomaskirche zu Leipzig

sitzt Reiner Kunze

und sinniert über dessen Macht
über die Töne
und nicht etwa die eigene.

Anders als der kulturmaßgebliche
Magistrat.

Der Herbst, zerlegt

Über Nacht kamen sie, dunkle Gestalten,
deren helle Rufe in den Tälern widerhallten,
sie haben den Herbst umstellt und aufgespürt,
in seine Einzelfarben zerlegt und demontiert,
Gerüche, Tönungen und Reifegrade seziert,
und keine Macht vermochte sie zu halten.

Zersägt haben sie ihn, in Kisten verpackt,
abgerissen, auseinandergenommen, zerhackt,
alle Schattierungen und Nuancen abgebaut,
in gräulichen Umzugskartons unsanft verstaut,
dass jedem Farbsinnigen jetzt davor graut,
wie kahl Kuppen und Täler dastehen, nackt!

Wer aber sind diese fremden Gesellen?
Wollen sie uns die bunteste Zeit vergällen?
Professionelle Packer? Spezialspediteure?
Jahreszeitenhändler? Krisenprofiteure?
Ausländische Agenten? Geheimdemonteure?
Lassen die sich auch übers Internet bestellen?

Wer hat sie in diesem (Duft-)Not(en)fall bestellt?
War es die Regierung, wenn ja, für wieviel Geld?
Findet sich denn keiner, der diese Jahreszeit liebt,
solange Blätter fallen und die Spitzmaus fiept?
Sie bringen ihn, verriet mir eine Lerche vom Feld,
hin, wo es noch den überbelichteten Sommer gibt.

Die gerettete Heimatzunge

Wolfgang Schlott zugeeignet

Zunge, gerettete Heimat, ach dieser Noten-
    Salat! Gedämpft, eine heimatliche Karte
        Der erinnerten Düfte: Lorbeer, aber weit
            Unter der Stirn; zwiebelgleich entfaltet

Der Maghreb seine Lauchnote, und gepökelt
    Hält länger, was sie verspricht, die Zunge.
        Okzidental orientiert sich die Heimat zwischen
            Blitzenden Zahnreihen, diesen geblendeten Fassaden

Der Gefräßigkeit; nach Regionen aufgeteilt, die Grenzen
    Willkürlich gezogen. Den Groben der Geschichte
        Hängt zum Hals sie heraus, aber die Feineren
            Hängt an der eigenen Zunge man dafür auf.

Wohl dem, der eine Heimat
    Wohl dem der eine Zunge
        Wohl dem der einen Zungenschlag
            Dem, der eine Heimat mit im Zungenschlag

Der in der Zunge eine Heimat
    Verräterische Zungenschlagseite! –
        Einen Verrat tief in der Zunge
            Einen Tiefschlag darin vergraben hat

Ein tiefes Grab für die Gerettete
    Geräderte, im rechten Moment Ratternde
        Durch Verrat einen selbst Rettende
            Gehütete, unter die Zungenredner, selbst

Ins Gerede Gekommene, grosso modo der Glosso-lala-
    lie – yeah! – Verhaftete, zur Glossographie Übergelau-
        fene, über-den-Rand-Schmierende, sabbernd unter
            Krakeelende Linguakraten, unter die Redner Geratene

Verbratene, Gerasterte, zur Fahndung Ausgeschriebene
　　　　Niemals Rastende, Gratinierte, Hasenpanierte
　　　　　　Blamierte Füllungsgehilfin der Peristaltik
　　　　　　　　Fleischkloß der sich nach jeder Silbe wegduckt

Heimat, ach! die sich an sich selbst verschluckt

Die Schreibmaschine
(Ein Undinggedicht)

Hans Bergel zugeeignet

Meine erste Schreibmaschine war eine
Remington, erstanden, im Wortsinn:
ERSTANDEN auf einem Trödelmarkt
in Neumarkt, Siebenbürgen, in den frühen

Achtzigern, zu einem vergleichsweise
horrenden Preis – sie war nicht gemeldet –
und sie ging ihres Weges, d. h. die Wege
meiner Gedanken mit. Irgendwer aus

der Nachbarschaft aber bekam das
dann spitz, bekam wohl auch etwas
dafür, dass er es spitz bekam. Von da an
trennten sich die Wege meiner

Schreibmaschine und die meinigen.
Ich meldete sie, bei der Polizei,
lieferte Schriftproben, lieferte sie,
meine Schreibmaschine, ihnen aus,

jedes Jahr, immer noch im Januar.
Dort, in einem kahlen Raum aus Beton,
schrieb ich einen vorgelegten Text
ab, und verriet sie, und mich, mit jedem

Buchstaben, den ich tippte. Dann,
irgendwann, nach vielen Jahren des
Abschreibens, und nach einem schwer
nachvollziehbaren Weltwechsel, kaufte

ich mir, als erste Anschaffung in der *Neuen
Heimat* für 99 DM eine *Privileg* bei *Quelle*.
Das war in einem Dezember gegen Ende des
vorigen Jahrhunderts. Im Januar darauf

stellte ich sie neben die Entbehrlichkeiten
anderer auf den Sperrmüll, warf sie fort,
meine erste Nicht-Abschreibmaschine:
Sie war für mich wertlos geworden.

Ein fernes Sirren, zuerst,

                        dann aber
das Knattern über ihren Köpfen; panisch,
mit gesträubtem Gefieder sucht ein Schwarm
Krähen krächzend die Weite unter den Wolken
unter der Sonne. Nur das Blitzen der Rotorblätter,
einen Steinwurf entfernt, den niemand riskiert,
erinnert an sie.

Reglos hängt, über uns,
eine dröhnende Lerche
über fremdem Nest.

Manchem eine drohende Drohne
im betäubten Ohr; ein krummer Dorn
im reglosen Blickfeld. Stiert in die Höfe,
daß es stäubt, dreht plötzlich ab –
schwankt, gerät, das Gerät,
in bedrohliche Schieflage, aus der es sich,
erneut schwankend – aber befreit!

Atmest du jetzt auf! Über den Dächern
bohrt sich deine Iris einem Punkt nach
in die reine Luft. (Selbst

das Fiepen einer Feldmaus
wäre jetzt zu hören)

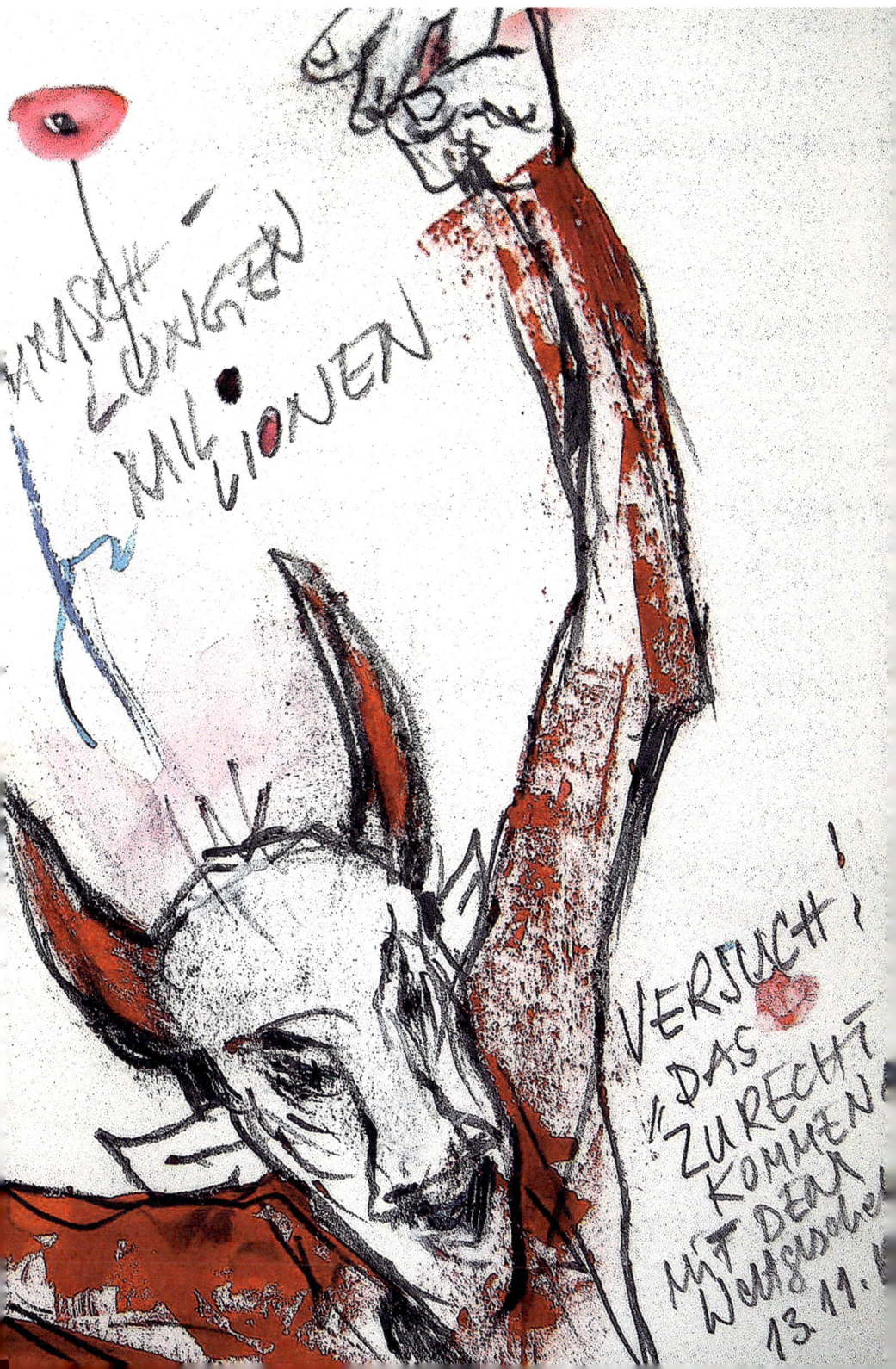

IV.

GNOMEN UND GEDANKENSPLITTER

Abzug

Der Kriegsminister hält
Wort, nämlich den Finger
am Abzug der Soldaten.

Affäre

- **H**iermit ziehe ich mich aus der Affäre.
- Ja, hast du denn eine?
- Nicht, dass ich wüsste.

Alte Liebe

Seit ich das Glück habe
dir nahe zu sein

bin ich guter Hoffnung
mich zu verlieren

Altes Gemäuer
(nach einem Kurzbesuch 7bürgischer Kirchenburgen)

Es erlahmt meine Neugier
auf alte Gemäuer.
Denn, irrlichternd, werden sie
immer neuer.

Auf den ersten

Meinen Mann habe ich
im Internet kennengelernt.
Es war Liebe
auf den ersten Click.

Beamte, einem Gepäckstück verglichen:

Sperrige
lassen sich nicht so leicht
befördern

Rege Betriebsamkeit

Bisher hatten wir wenigstens den Stillstand.
Jetzt ist auch der noch zum Teufel!

Das Calwer Rathaus

Das Calwer Rathaus musste kürzlich
vollständig geräumt werden.
Die Balken bogen sich.

Der liebe Gott

Verwest, verwüst, vererdet

so findet er uns
immer wieder.

Der Liebe Gott

steh uns bei
bei unserem letzten Lustschrei.

Der Lügner

Ich behaupte das jetzt 1fach 1mal –
wenn sich herausstellt,
dass es nicht stimmt,
hab ich es wenigstens behauptet.

Der Minister, die Ministerin

Sie halten nicht Wort
geschweige denn
dessen akustischen Verursacher.

Die Kandidatenfrage

Ich lass mich nicht aufstellen.
Ich stehe lieber ganz von allein.

Die Wand einreißen

Friedrich Merz an Hans Eichel.

Im Bundestag am 9. 9. 2003.

Sie stehen mit dem Rücken zur Wand. Ich fordere Sie auf: Treten Sie zurück!

Dürre

Nichts
zu fressen hat der
Wurm, nicht einmal
ein Hälmlein Gras.
Tief innen
wurmt ihn
das.

Fünf ewige Sprünge

Auf einen Seitensprung
wollte sie sich nicht festlegen.

Er schwor ihr
ewige Untreue.

Von verlässlicher Treulosigkeit
ließ er sich nicht abbringen.

Sie konnte ihm aber auch
gar kein Seitensprungversprechen abringen.

Dafür ließ sie sich gern
„auf einer Treue erwischen."

Gegengewicht

Klopft dir einer auf die Schulter,
so halte ihm auch die andere hin.

Gehässigkeit

steht dem schlecht zu Gesicht,
der sie versprüht,
und nicht dem Geschmähten.

Geschlechtsakt

Wie lang ein solcher dauert?
Bis der Herr über das Geschehen
fertig ist.
Das kann Jahre dauern.

Gipfelgespräche

Ein Wermutstropfen
auf den heißen Stein.

Gipfelgespräche 2

Die einzig sinnvollen Gipfelgespräche
finden unter Bergsteigern statt.

Halbdackel

Dass, wenn freudig erregt, der Schwanz
mit ihm wackel',
vermeint in seiner Ohnmachtsfantasie
der Halbdackel.

Kulturhoheit

Zeitgenossen vertrauen eher den aktiven
rechtsdrehenden *Yoghurt*-Kulturen
als der eigenen.

Kunstraub

Sie kennen den Unterschied
zwischen Picasso und Matisse

als Kunsträuber
sehr genau.

Lehrerzimmer

Ein Zimmer voller Lehrer:
Ein leerer' Zimmer
sah ich nie.

Links, Mitte, rechts

Angela M. zugeeignet

„**D**ie Mitte ist rechts von links!"
lautet ein bemerkelswerter Satz
aus kalauerverdächtiger Mottenkiste.

Diese Erkenntnis freilich hätte
dem 160-kg-Mann wenig genützt,
der zwei Sitze gebucht hatte
im Flugzeug. Diese lagen

rechts und links vom Mittelgang.

Demokratisch gewählte Maßgebliche

Der Ersatz der Willkür
durch den Irrtum.

Momenteingaben

1. Hasen beim Stummel gepackt:

> Einen Hasen panieren und dann ergreifen
>
> Sich etwas aufs Hasenpanier schreiben
>
> Ergriffen einem Hasenfuß lauschen

2. Botanisiertrommeln in der Nacht:

> Im Nachtschatten wuchernden Gewächses
> Schläft ein Beifuß ein im Frauenschuh

3. Bauernnaseweisheiten:

Die dünnsten Bauern haben die dicksten Eier

Die dümmsten Hühnerdiebe lassen die dicksten Eier fallen

Die dicksten Eierdiebe lassen die dümmsten Bemerkungen fallen

Pharisäer, verkehrt

Ich habe ein schlechtes Geschäft
gemacht, ein miserables sogar.
Und doch bin ich

ganz froh darüber:
Es hat mich davor bewahrt,
so zu werden, wie die es sind,

die ich verabscheue.

Rat (mit Hand-)schlag an Maßgeblichen

Versprich ja nichts
was du halten kannst!

Redensunarten

I. Eine Krähe weint der anderen
keine Träne
nach.

II. Ein taubes Korn
findet auch ein Huhn.

III. Schreiben ist der stete Tropfen
auf den heißen Stein
der Weisen.

IV. *Auf eine Unart, die gerade radebrecht:*

Kalt lässt
ein voller Esser
den Kühlschrank.

V. Wenn das Kind schon
in den Brunnen gefallen ist,
dauert es nicht mehr lang,
bis ihm das Wasser bis zum Hals steht.

...auf und durch

auf unsere MdBs

Motto: „Staubsaugervertreter
verkaufen Staubsauger.
Was verkaufen *Volks*vertreter?"

   I.   Früh übt sich
was ein Mundwerk werden will.

  II.   Ein Mundwerk
kommt selten allein.

Beim Zahnarzt

Die Freiheit,
den Mund aufzumachen,
kann ich nur verwirklichen,

wenn ich keine Angst habe.

Türkischer Kaffee

Im Mund kann mir
diesen Satz
niemand umdrehen.

Sätze, aufgegriffen

Versiegelt die Münder! Kurz darauf
versiegen die Gedanken. – Ein
doppelter Sieg!

Geschichte geschieht, laut Marx,
zweimal: das eine Mal als Tragödie,
dann als Farce. Wann
geht das Publikum?

In der Hölle ist der Teufel, sagt Lec,
eine positive Gestalt. Welche
Entsprechung hat er auf der Erde?

Das erste Opfer des Krieges
ist die Wahrheit. Warum nur
fordert dies auch der Frieden?

Befreier befreien das Volk
von allem, was ihm gehört. – Was
tun eigentlich die Unterdrücker?

Nestroy sagt, die Phönizier
haben das Geld erfunden; warum
nur so wenig. Wenig, für wen?

Laut Marc Aurel befiehlt das Böse,
wer es, wenn er könnte, nicht verhindert.
Lässt sich das Gute ebenfalls anordnen?

Gilt die Aufschrift „Keine Vertreter, bitte!"
auch für Volksvertreter?

Talleyrand sagt, du sollst deinem Feind,
während du ihn hinters Licht führst,
geradewegs in die Augen schauen. Was aber,
wenn du dich dabei selber erblickst?

Worte, sagt Talleyrand, sind uns Menschen
gegeben worden, um unsere Gedanken
zu verschleiern. - Was nehmen wir nur,
um ihnen Ausdruck zu verleihen?

Sitzungsmania

Siege des Hinterns über den Geist!

Ohne mich
wäre es nicht nur einer weniger,

sondern gar keine: es gäbe niemand,
dies festzustellen.

SMS-Vorschläge

Du gehst zu Frauen? Halt
auch die andere Wange bereit!

Dreh dich nicht um! Du
gehst mir im Kopf herum!

Du drehst mir jeden Satz
im Mund herum? Ich eile!

„Edel sei der Mensch, hilfreich
und Amerikaner."

Vogelkäfig

Vergoldet hat ihm sein Gesang den Käfig,
versilbern aber konnt' er ihn nich'.

Welch ein Gewitter

Früher haben die Jungs
ihre Chance bei den Mädels
gewittert.

Heutzutage
twittern sie sie

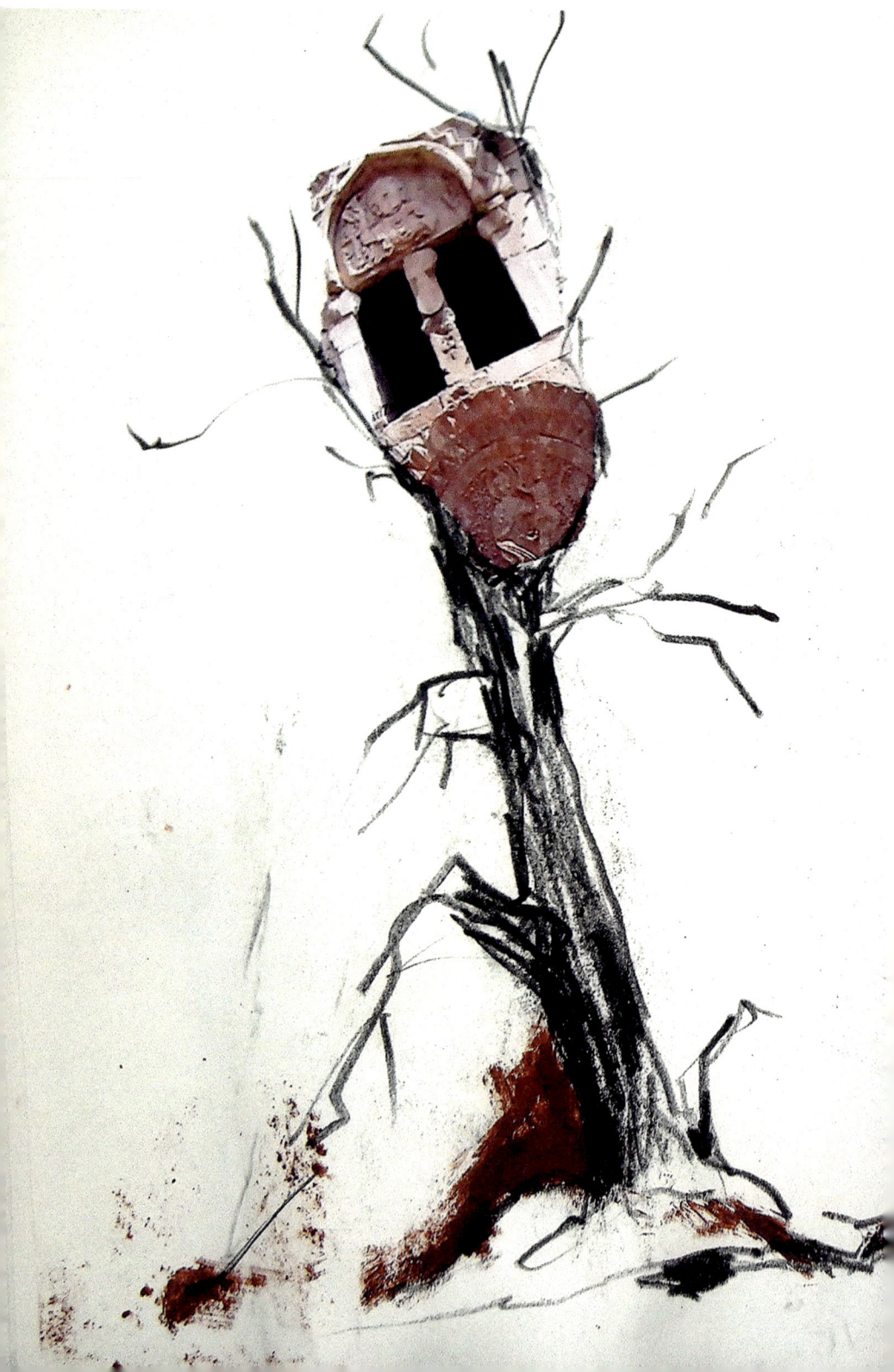

V.

Aus der intimen Tiefe der Zeit

Flohmarkt in Sankt Petersburg

22. Aug. 2014

Am Tag der Staatsflagge
weht aus den Mündern
der lange Atem
der Kapitula-, njet,
der Revolution.

Um hier erfolgreich dabei zu sein
braucht man einen langen Arm.
Und noch längere Finger.

Fünf Sinne beisammen

über mich kann ich reden hören
vom Band kann ich mich hören
und auch dich wenn du dich mir näherst
aber, Zitat: „Wenn du dich hören könntest!"
hören kann ich mich nicht

ich sehe mich im Spiegel und
manchmal verzerrt im Traum
auf alten Fotos oder auf dem Bild-
Schirm, aber sehen, richtig
sehen kann ich mich nicht

das soll nun nicht heißen
und liegt auch nicht daran
dass mir Hören und Sehen
vergangen wäre oder ist –

ich kann an meinem Finger lutschen
oder meine Zunge in die Kuhle
zwischen Daumen und Zeigefinger
stecken und hin und her bewegen –
wenn du aber flüsterst „Du schmeckst
so gut!" muss ich dir glauben denn
schmecken kann ich mich nicht

meistens, und nach mehreren End-
Täuschungen, kann ich mich gut leiden
auch nehme ich manchmal Düfte wahr
die meiner Achselhöhle entströmen
aber riechen, riechen kann ich mich nicht

manchmal fühle ich mich besser, manchmal
weniger gut, auch kann ich mich betasten
die Festigkeit meines Fleisches
mit der Hand prüfen, aber fühlen
fühlen kann ich mich nicht.

wen meine ich nur
wenn ich „ich" sage?

Toilettenpapierstreifen, Vögel

am 19. Juli 2014

Motto: *„Die Angst ist mein ständiger Begleiter."*
(G. Tabori)

Es geht also weiter. Immer weiter.
Die Wirklichkeit eine Strickleiter,
zur Kenntlichkeit verzerrt.

Lerchen schlagen auf, ein Düsenflugzeug
stürzt auf die Erde; zieht eine Blut- und
Toilettenpapierspur hinter sich, durch
die Wolken, löst Turbulenzen aus
auf den maßgeblichen
Aktienmärkten.

Papierstreifen vom Himmel,
kilometerlang.

Als Farce wiederholt
die Geschichte sich.

Der Blick des Baumfalken
wechselt die Richtung.

Währenddessen aber geht es
einfach umständlich,
schwer und verständlich
weiter.
Immer weiter.

Verfolgte verfolgen Verfolger

Als ich gestern vors Haus trat, lag er vor mir.
Kam mir gleich verdächtig vor. Ich schlug
einen Bogen, da rappelte er sich auf, sprang

die Mauer zu meiner Linken hoch, die Sonne
über den Flachdächern schlich uns hinterher,
sonst folgte uns keiner. Dünn in die Länge zog

er sich, fiel über meine Schuhspitze, zerlief.
Unter Gelächter, höhnisch, wie mir schien,
trampelt er plötzlich um die Ecke, wirft

sich auf mich, kriecht mir unter die Haut.
Ich aber lasse nicht locker, schüttele ihn,
 als ich unterm Flieder stehe, ab, hetze

ihm nach, als er sich betont unauffällig
auf den Straßenbelag fläzt. Er denkt wohl,
seine mickrige Mimikry nütze ihm was.

Ich klebe an seinen Konturen, verschlinge
seinen japsenden Atem. Und atme, als
er mir grimassierend eine Nase dreht,

ihn, meinen Schlagschatten,
schlagartig aus.

Versuch einer Annäherung

Eine kecke Nasenspitze über
erstem Bartflaum, spitz auch
die Zunge, verloren jedoch
der Blick wohin?

Befangen häufiger als
ein Fänger, fremd genug
auch unter vermeintlich
Gleichen.

Ein Schatten deiner selbst,
betreten, weil oft getreten,
ein Strich in der Landschaft,
wie damals ich auch.

Und doch hängt mein Leben
an dir, wie an einem
seidenen Faden,
mein Sohn

Ade, Winter von 2003

Nach Hoffmann von Fallersleben, 1835

Weh tut er, welch absonderliches Weh
            den scheidenden, stecken- und
brief-heimgesuchten, den geistergleich heim
            suchenden, heimleuchtenden,
glitzernden Gärtchen, wie weh doch
            den wollüstig in dichter Wolle
verstrickten, den lüstern lippenfletschend Heim-
            wehmut anstachelnden,
ihrer Lust schmatzend verlustig gehenden, nimmer
            satten, gleitenden, edle
Tropfen absondernden Scheiden tut er – ach! –
            so weh! Allein: Ihr seid's,
allein ihr Scheiden macht, daß mir das Herze
            daß mir der Kuckuck lacht

Alte Fotografien

I. Regine, Opas Schwester, 1928

Im Daimler thronend, einem der ersten
in der Gegend, dem Zwischenstromland
Siebenbürgens, man hört ihn förmlich
hupen, die Hühner stieben panisch
auseinand', dass es nur so stäubt, du

aber misst sie und alles um dich herum
mit dem trägen, herrschaftlichen Blick
der Müllerin, die sich fängt oder holt,
was ihr zusteht, einschließlich des Ion,
der betreten daneben hockt, am Steuer.

II. Elsatante. Unterm Birnbaum, 1988/1939

Einen vergilbten Brief nach wie vor
vor geröteten Augen, eine Handvoll
Überlebenslügen in der Linken,
die stumme Brille
im Schoß der eigenen, eigens
verleugneten Natur.

Unterm gleichen Baum
auf der Schaukel ein Mädchen
– quietschend beide –
mit fliegenden Zöpfen
im Sepiaton
bohrender Erinnerung.

Der Erde Rede II

Für Peter Schlack, den Vielkünstler

Hartnäckig wie Gräserpollen, wie Langzeit-
Gäste, wie Hypothekenzinsen und ein böses
Omen, hartnäckig wie Hausbesuche der
Zeugen Jehovas und die dicke Luft danach

Unheimlich wie die Schatten der Vergangenheit,
wie die Verflechtung von erlassenen Hypotheken
und politischen Entscheidungen, unheimlich wie
weiße Westen und eingetragenes Baugelände

Unhaltbar wie Versprechungen der Politiker, wie
Politiker, die sich auf einer Einhaltung erwischen ließen,
unaufhaltbar wie Mahnungen, das Rollen der Augäpfel,
wie der Vormarsch der inneren Verrohung zusammen mit

der Verfeinerung der Speisepläne, unheimlich wie
das bläuliche Flackern im Gesicht der Säuglinge,
hartnäckig wie ein Gerücht, wie Erektions-
störungen und ein schlechtes Gewissen:

neckisch und heimlich stelle ich das alles ab
mit einem Pinselstrich

Der Textomat

Während die bedingten Reflexe sich brechen
und die Hexen, die frechen, miteinander zechen

führt ein abgestreiftes Zebra in Nebra
ein „second life" mit rotem Schweif

weil eine Krähe der andern kein Auge auspickt
ist jedes echte Verbrechen ein Kavaliersdelikt

beirrt starrt das Kaninchen auf seinen Würger
hoch zapple die arme Sau, der mündige Bürger

dieser gerät während er eifrig sich duckt
unter die Redner von denen keiner auch nur zuckt

da wendet ein Vertreter, der ein Rad ab hat
sich Rad suchend an seinen Geistertextomat

über allen aber hockt, statt bei Prokust, voller Frust
auf dem Lokus ein geblähter Lokust

Die Geburt der Tragödie aus dem Geist der Heuchelei

Die europa-, vielleicht weltweit ersten
gefürchteten wie begehrten Klageschreie
stießen sie aus, die *Hypokriten*,

will heißen: Heuchlerinnen:

Rabenähnliche, um Ecken huschende,
durch die Wand eintretende,
in Ecken kauernde,
aus Sehschlitzen blitzende Gestalten,
die schon über König Minos' Überresten
die knochigen Hände
überm Kopf zusammenschlugen
und in schrilles Wehklagen verfielen.

Sie stellten Leid überzeugend dar,
ohne selber betroffen zu sein.

Sie konnten - für die Zuschauer,
die verstört und vor Betroffenheit
ausdruckslos die Bahre umrundeten -
am besten leiden,
weil sie unbeteiligt waren.

Fundort

Unter vielen Erdschichten, ganz
unvermutet, ein Juwel, viele tausend
Jahre alt: Tierknochen, Überreste
von Geschirr, Waffen und Schmuck,
Beigaben, alle Vorkehrungen für
ein langes Weiterleben
getroffen.

Verblüffend nur,
dass die Gräber leer sind, keine
Skelette. Nicht etwa ausgeraubt –
die derart Umhegten hatten offenbar
rechtzeitig, vermutlich fluchtartig
die Sicherheitszone
verlassen.

Haiku

Das Laub des Kirschbaums
Scheint wie eine Laterne.
Mein Blatt Papier glüht.

Der Mond ist erstarrt.
Ein Flugzeug trennt das Gewölk.
Drin sitzen Menschen.

Der See starrt wie Blei.
Stein von unsichtbarer Hand.
Stirn runzelt der See.

Schritte ziehen durch
Vieldutzendfarbenes Laub.
Ein Duft wie Erde.

Blatt, kleiner Lampion.
Es löst sich plötzlich und fällt.
Die Katze erschrickt.

Kein neues aufmach'n,
Herr Wirt, hieße, dem Fass den
Boden ausschlagen.

So aber setzt er
Noch eins drauf; und meinem Krug
Die Schaumkrone auf.

Im Tiergarten, Berlin

*nach Arno Holz, zeitlich gesehen
am 22. November 2014*

Ohrstöpselmusikliebhaber joggen
im Nebel reitet kein Leutnant
„pfropfenzieherartig
ins Wasser gedreht"

aber da
raucht eine Bank.

Wie selbstverständlich
- und nicht nur *wie* -
schlüpft, ohne Hast, ein Fuchs
durch glimmendes Laub,

scheucht, selber scheu, eine Schar
Vögel unterschiedlicher Stimmlage

Auf. Eine weitere Bank raucht.
Im Nebel keine Wegweiser, nur,
jetzt, wo ich innehalte, durchatme –
die hartnäckige Erinnerung an

dieser trotzigen Ruhe Weg
unweit des Gewühls Unter den Linden
und an seine forsche,
samtpfotene Lautlosigkeit.

Indischer Zyklus

I. *Sandamer*

Körnig, eckig, nicht wie
ihre Könige, Maharajas,
rund, rieseln sie,
Gerippe bleich,
Schatten gleich,
nur die Augen glühen,
die Gassen entlang:
farbenfroh umhüllt,
von kurkuma- und
safrangelb zu himmel-
blau, von Mücken ver-
folgt, selber Schwärme,
Gewimmel ohne Hetze,
rinnen sie in Rinnen,
zu Tausenden, wie

Sand.

II. Stille

Zeit, stundenlos,
ohne Uhren:
eine schlurfende
Bettlerin, schlürft,
glutäugig, blind,
den Masala-Tee
mit den Augen,
jäh unterbrochen
vom hellen Klang

der Tempelglocke.

III. *Ameisen*

Ameisen gleich
wimmelt es von ihnen
auf den Bahnhöfen,
im Staub der Straßen:
 jeder als Kreatur geachtet

wie jede Ameise.

IV.   *In der Wüste Thar*

Gewalt ist der Ring
durch die Nüstern
des Kamels und
der Hunger im Blick
des Kindes das
daran zieht.

V. Jaisalmer

Welch ein Schwindel
erregendes Schwelgen
zwischen dem hellen Gold
des Kurkumapulvers,
den Fäden im Festtagsgewand
und dem Goldbraun
der Erde, Häuser und Paläste!

VI. *Basar von Jaipur*

Was für ein Treiben,
Trippeln, Tänzeln, Treten
(alles in diesen Plastiklatschen)!
Welch ein Wabern
und Wogen mitten im
Gewusel, Gewimmel
Gewühl und Getümmel!
Ein Schieben, Schweifen,
Hupen und Pfeifen!
Schlurfen, Staksen,
Humpeln und Schleifen,
Wühlen und Weichen,
Stolzieren und Schleichen,
Scharren und Karren,
Quetschen und Quietschen,
Rufen und Tuten,
Stöbern und Zögern!
Bei allem Drängen
und Zwängen,
Schwanken und Wanken –
niemals ein Zanken!

Mein Großvater und ich

Nachdem mein Großvater mit knapp 68
dem Foltergefängnis *Jilava* äußerst knapp
entkommen war, ging er vor seinem,
mittlerweile *dessen* Haus gegenüber
der Kirchenburg, einigermaßen
aufrecht auf den Tierarzt zu, der sich
nach den Enteignungen ebenda
fein eingerichtet hatte im Namen
der Gerechtigkeit; mit ausgestreckter
Hand, erzählt man sich, er hätte ihn
fast umarmt.

Dieses Haus, das achtunggebietendste
in der Gemeinde, habe ich, zweimal
zwanzig Jahre später, nach der Rückgabe
durch den zweiten Unrechtsstaat, leicht-
fertig verscherbelt zum Preis eines Plumps-
klos; ausgerechnet an *dessen* Tochter, und
wir besiegelten das saubere Geschäft,
den sanften Übergang materieller Werte
in die Wertlosigkeit,
mit einem Handschlag.

„Verstehen lässt sich das Leben nur
rückwärts gelesen; leben aber muss man es
vorwärts."

Mein Großvater und ich II

Nach Protesten meiner Frau zu „Mein Großvater und ich"

Wir brauchten nicht viel zum Spiel, mein Opa
und ich: einen Eichentisch, je ein Gläschen
Traubensaft, unvergoren, zwei gespannte Bögen,
vor Erwartung zitternde Pfeile, mit Hufnägeln
beschlagene Keulen, eine Kelle für den Mörtel,
der uns zusammen um das Hundertfache
überdauern sollte in den Wehrtürmen,
und viele Bauern brauchten wir, viel mehr

nicht, einen klaren Blick von beiden Seiten,
eine glatte Fläche vor der Geschichte
der Pechnasen und Kriegswitwen
sowie etwas Beistand von denen,
die uns nicht mehr begleiteten.

So spielten wir, beinah stumm,
um die Jahrhunderte herum.

Nachwort

Ist das Tagpfauenauge objektiv und nachweislich schöner als der Zitronenfalter, die Anemone schöner als die Herbstzeitlose? Ist nur der hermetische Lyriker der wahre Lyriker oder nur der, welcher Heine und Kästner ironisch-rational fortspinnt? Der einzige Ausweg aus solchen Scheinkonflikten ist ein weites Herz, das tausend Blumen blühen und viele verschiedene Wuchsformen koexistieren läßt, das sich im März an Schneeglöckchen erfreut und im Herbst an den Astern, statt sich darüber zu empören, daß sie dann nur blühen, wenn es ihre Zeit ist.

Ein Leser, der nur das Unbegreifliche, nebulös Verschwimmende sucht oder der immer mit Innerlichkeit und Irrealem bedient werden will, dürfte Anstoß nehmen an den Gedichten Hellmut Seilers. Für diesen geht es immer zuerst darum, zu sagen was ist. *Hände falten* etwa beschreibt den Blutstau und läßt offen, ob es um ein Gebet geht (S. 44). *Ein fernes Sirren, zuerst* (S. 64) bewegt sich an der Grenze zwischen Fakten und Symbolik – der dort beschriebene Hubschrauber ist aber zunächst einmal ein reales Kriegsgerät. Dieser Autor kann und will verstanden werden, er verzichtet bewußt auf Verrätselung und Privatsprachen. Klarsichtig beschreibt er, wie Gedichte erst durch den Leser sich der Totenstille der Druckbuchstaben entreißen lassen und ins Leben treten (*Beim Beobachten einer Leserin*, S. 36).

Unter den Poeten gehört einer wie er eher zum „bodenständigen Personal" (S. 12). Er legt zwar im Eingangsgedicht seinem Flugkapitän eine leicht surreale Botschaft in den Mund, hat aber keinerlei Bedenken, über so scheinbar unpoetische Dinge zu sprechen wie „Toilettenpapierstreifen"

(*Toilettenpapierstreifen, Vögel*, S. 116) oder über mit Urin geschriebene Liebesbriefe (*Die Ahnung einer Nähe*, S. 37). In seinen Haikus (S. 126) folgen auf fünf sehr stimmungsvolle, durchaus ostasiatisch gestimmte Texte zwei Dreizeiler, die eine fröhliche Kneipenatmosphäre aufnehmen.

Immer mal wieder montiert der Autor in den lyrischen Fluß das Material aus dem täglichen Leben, etwa in *Saunalandschaft mit Dame* (S. 24) Beobachtungen und wörtliche Rede: „Kinder, nackt – iih, bei der Kälte! –". Das hat immer auch etwas Provokatives, aber es sind sanfte und eher unterschwellige Provokationen. Selbst in seiner Zeitkritik verzichtet er auf Knalleffekte und laute Töne, um umso klarer offenzulegen, was manch ein selbsternannter Volksvertreter treibt (*...auf und durch*, S. 100) oder wie auch unter Friedensbedingungen Wahrheit und Freiheit so sehr auf der Strecke bleiben (*Sätze, aufgegriffen*, S. 103), daß sich am Ende im *Calwer Rathaus* (S. 76) vor lauter Lügen die Balken biegen. *Demokratisch gewählte Maßgebliche* (S. 95) sieht er als verantwortlich dafür, wenn an die Stelle feudaler Willkür ein demokratischer Irrtum getreten ist. Erfreulicherweise bleibt der Dichter dabei nicht im Verallgemeinert-Unbestimmten stecken: Die amerikanische Kriegspolitik und die Menschenrechtsverletzungen in Guantanamo werden in *22 Steinchen (Gedichte aus Guantánamo)* (S. 48 ff.) offen angesprochen; auch Merkwürdigkeiten aus dem Berliner Absurden Staatstheater fallen nicht unter den Tisch (*Die Wand einreißen*, S. 82). *Die Schreibmaschine (Ein Undinggedicht)* (S. 62) schlägt einen Bogen von der Repression im stalinistischen Ceaușescu-Rumänien bis zur so gänzlich anderen, aber auch nicht gerade unproblematischen Situation des Schriftstellers in der Bundesrepublik kurz vor der Wende und der Vereinigung.

Hellmut Seiler scheut sich auch nicht, uralte und ausgesprochen traditionelle Genres wie die Jahreszeitengedichte neu auszuprobieren: *Der Herbst, zerlegt* (S. 59) ist ebenso originell wie *Ade, Winter von 2003* (S. 119), das mit der Unterzeile *Nach Hoffmann von Fallersleben, 1835* ganz bewußt anknüpft an die spätromantische Weiterdichtung der Volkspoesie. Zugleich ist Hellmut Seiler ein zeitgenössischer, ein moderner Dichter. Es gelingt ihm beispielsweise brillant, die digitalisierte Lebenssituation wie in *Neulich beim Briefeschreiben* (S. 23) in einem ironischen Parlando aufzunehmen und damit zugleich „Blogsilvaniens ungewisse Zukunft" (ebd.) anzusprechen.

Provozierend dürfte es auch für so manchen Leser sein, daß dieser moderne, aber unmodische Dichter es wagt, zeitlos-einfache und geradezu klassisch-romantische Liebesgedichte zu schreiben wie *An dich* (S. 14) oder *Ich weiß nicht* (S. 21). Er tut dies, ohne auf Triebabfuhr und Handgreiflichkeiten zu reduzieren und ohne permanent psychologische Probleme aufzuspüren, aber er sperrt die Wirklichkeit nicht aus. Er thematisiert die sieben Sinne, etwa den Geruchssinn (*Fern von mir*, S. 42) und entwirft für Liebhaber der poetisierten Liebe diese als Liebes-Spiel mit Worten (*Spiel und Ernst*, S. 47). Und doch ist auch hier das wirkliche Leben präsent mit den Fältchen der Liebsten und der Notwendigkeit, den platten Witzen des Liebsten zu lauschen. Denn Hellmut Seiler ist ein konkreter, antiabstrakter Poet – für ihn ist *Ein Nachthemd* (S. 38) nicht nur eine bedeutungslos-nützliche Textilware, sondern ein bedeutsames Element für das Insgesamt einer Liebesnacht. Für ihn ist Liebe nicht nur ein Wort und ein Gedanke, sondern „unbeschreiblich voll" und „fleischig kraftstrotzend" (*Es sind*, S. 40). Wobei schon das folgende Gedicht eine Art Kontrapunkt bildet und eine allegorisch-phantastische Vision beschwört: Fenster, die sich in immer kleinere Räume öffnen (*Fenster*, S. 41*)*. Wenig später folgt *Ich habe geträumt* – eine Vorwegnahme des eigenen

Todes und Begräbnisses (S. 45). Auch *Rache der Einrichtung* (S. 57) ist eine Art Angsttraum – die Möbel verschwören sich gegen das lyrische Ich und vernichten es.

Gerade in den Gedicht-Aphorismen bezieht sich Hellmut Seiler mehrfach auf Alltagsbanalitäten und verschmäht auch die gepflegte Sottise nicht wie in *Lehrerzimmer* (S. 93) oder in dem „Angela M." zugeeigneten *Links, Mitte, rechts* (S. 94) oder in dem hübschen Sinnspruch:

„Edel sei der Mensch, hilfreich
und Amerikaner." (*SMS-Vorschläge*, S. 106).

Affäre (S. 70) spielt mit Doppelbedeutungen, *Rege Betriebsamkeit* (S. 75) jongliert mit den Worten, um den Schein-Fortschritt vom Stillstand zur ergebnislosen Hektik zu ironisieren. In *Dürre* (S. 83) wurmt es den Wurm, hungrig zu bleiben. *Momenteingaben* (S. 96) und *Redensunarten* (S. 99) nehmen die Sprache beim Wort und lassen die Worte tanzen. *Der Textomat* (S. 123) ist eine herrliche, morgensternisch-dadaistische Bild- und Sprachakrobatik. Aber hinter allen Wort-Spielen steht doch die Konfrontation mit sich selbst, das Erschrecken vor dem „Auch das bist du":

„Talleyrand sagt, du sollst deinem Feind,
während du ihn hinters Licht führst,
geradewegs in die Augen schauen. Was aber,
wenn du dich dabei selber erblickst?" (*Sätze, aufgegriffen*, S. 103).

Hierhin gehört auch die Suche nach sich selbst, die unbeantwortbare Frage, wer denn dieses ICH ist, das sich selbst nicht fühlen kann (*Fünf Sinne beisammen*, S. 114) und das in einem Schlemihlschen Kampf mit dem eigenen Schatten durch die Welt rennt (*Verfolgte verfolgen Verfolger*, S. 114). Auch die poetische Reise des *Indischen Zyklus* (S. 129ff.) mit ihren bunten Farben, Gewürzen, wimmelnden Menschen usw. ist nur eine hintergründige Folie für die eigene Existenz des Dichters.

Zum Großartigsten, was deutsche Lyrik an diesem Jahrhundertanfang aufzuweisen hat an Rückblick in das vergangene Jahrhundert der Katastrophen und Idyllen, gehört für mich *Alte Fotografien I und II* (S. 120f.), die das Transsylvanien der Zwischenkriegszeit beschwören mit einem ganz eigenen Ton, der anknüpft an Adolf Meschendörfers *Siebenbürgische Elegie* von 1927 oder Wolf von Aichelburgs frühe Gedichte aus den dreißiger Jahren (z. B. *Wiesengrund*) mit ihrer selbstbewußten Kraft, verhaltenen Trauer und unausgesprochenen Zukunftsangst. *Mein Großvater und ich, I und II* (S. 135f.), die beiden letzten Gedichte von DIESER TROTZIGEN RUHE WEG, verbinden den Blick zurück auf die Jahrhunderte in Siebenbürgen mit sehr persönlicher Erinnerung an den eigenen Großvater und dessen Schicksal – Denunziation, Enteignung, Haft, Folter, Rückkehr ohne Entschädigung. Das Schachspiel von Großvater und Enkel im zweiten Gedicht nimmt noch einmal das Motiv des Spiels auf, wie es in dem Gedicht *Spiel und Ernst* (S. 47) schon im Motto, dem Schiller-Zitat „Er ist nur da ganz Mensch, wo er spielt", anklingt. Die beiden letzten Zeilen lauten ebenso klangvoll wie lakonisch:
„So spielten wir, beinah stumm,
um die Jahrhunderte herum."

Rolf Stolz

INHALT

Zum Autor 5
Zum Zeichner 6

I. Im kahlen Garten

Sehr geehrte Fluggäste 12
An dich 14
Fliegender Atem 15
Spiegelweiß 16
Was tun 17
Anfang oder Ende 18
Du bist ich und ich bin du 19
Gefährtin der Nacht 20
Ich weiß nicht 21
In der Abenddämmerung 22
Neulich, beim Briefeschreiben 23
Saunalandschaft mit Dame 24
Schattenriß 26
Schlaflosigkeit 27
Verzweisamt 28
Weil ich wach liege … 29
WortSchatz 30
Zeichen setzen 31

II. Traumbrecher

Weiße Mäuse 35
Beim Beobachten einer Leserin 36
Die Ahnung einer Nähe 37
Ein Nachthemd 38
Ende einer Fahrt 39
Es sind 40
Fenster 41
Fern von von mir 42
Im Garten 43
Hände falten 44
Ich habe geträumt 45

Lama 46
Spiel und Ernst 47
22 Steinchen (Gedichte aus Guantánamo) 48

III. Zur Kenntlichkeit verzerrt
Rache der Einrichtung 57
Aufmunterung 2 58
Der Herbst, zerlegt 59
Die gerettete Heimatzunge 60
Die Schreibmaschine (Ein Undinggedicht) 62
Ein fernes Sirren, zuerst 64

IV. Gnomen und Gedankensplitter
Abzug 69
Affäre 70
Alte Liebe 71
Altes Gemäuer 72
Auf den ersten 73
Beamte, einem Gepäckstück verglichen 74
Rege Betriebsamkeit 75
Das Calwer Rathaus 76
Der liebe Gott 77
Der Liebe Gott 78
Der Lügner 79
Der Minister, die Ministerin 80
Die Kandidatenfrage 81
Die Wand einreißen 82
Dürre 83
Fünf ewige Sprünge 84
Gegengewicht 85
Gehässigkeit 86
Geschlechtsakt 87
Gipfelgespräche 88
Gipfelgespräche 2 89
Halbdackel 90
Kulturhoheit 91
Kunstraub 92

Lehrerzimmer *93*
Links, Mitte, rechts *94*
Demokratisch gewählte Maßgebliche *95*
Momenteingaben *96*
Pharisäer, verkehrt *97*
Rat(mit Hand-)schlag an Maßgeblichen *98*
Redensunarten *99*
…auf und durch *100*
Beim Zahnarzt *101*
Türkischer Kaffee *102*
Sätze, aufgegriffen *103*
Sitzungsmania *105*
SMS-Vorschläge *106*
Vogelkäfig *107*
Welch ein Gewitter *108*

V. Aus der intimen Tiefe der Zeit

Flohmarkt in Sankt Petersburg *113*
Fünf Sinne beisammen *114*
Toilettenpapierstreifen, Vögel *116*
Verfolgte verfolgen Verfolger *117*
Versuch einer Annäherung *118*
Ade, Winter von 2003 *119*
Alte Fotografien I (Regine, Opas Schwester, 1928) *120*
Alte Fotografien II (Elsatante. Unterm Birnbaum, 1988/1939) *121*
Der Erde Rede II *122*
Der Textomat *123*
Die Geburt der Tragödie aus dem Geist der Heuchelei *124*
Fundort *125*
Haiku *126*
Im Tiergarten, Berlin *128*
Indischer Zyklus I – VI *129*
Mein Großvater und ich *135*
Mein Großvater und ich II *136*
Nachwort *137*

In der ROTEN REIHE LYRIK erscheinen Auswahlen aus dem Werk lebender Lyriker – überwiegend Unveröffentlichtes - für 10 Euro im Umfang von 120 bis 220 Seiten.

Dinu D. Amzar *Anschlag und Auftrag*, Edition Bärenklau, Bärenklau 2015, 100 S., Rote Reihe Lyrik Nr. 2.

Herbert-Werner Mühlroth *Der Mond tanzt Tango*, Edition Bärenklau, Bärenklau 2015, 205 S., Rote Reihe Lyrik Nr. 3.

Franz Heinz *Unpatriotische Heimsuchungen*, Edition Bärenklau, Bärenklau 2016, 150 S., Rote Reihe Lyrik Nr. 4 (mit farbigen Tagebuch-Auf-Zeichnungen von Gert Fabritius).

Hellmut Seiler *Dieser trotzigen Ruhe Weg*, Edition Bärenklau, Bärenklau 2017, 145 S., Rote Reihe Lyrik Nr. 5 (mit farbigen Tagebuch-Auf-Zeichnungen von Gert Fabritius).

Das ABONNEMENT der Reihe (30 Euro für 3 Bücher inkl. Porto) bietet die Möglichkeit, alle Ausgaben zu erhalten.

ABONNEMENT - Bestellungen an:

Rolf Stolz, Postfach 2139,
D 53813 Neunkirchen-Seelscheid,
rolf.stolz@gmx.net, Tel. 0163/5785012